신앙이 예전 같지 않아

IVP(InterVarsity Press)는
캠퍼스와 세상 속의 하나님 나라 운동을 지향하는
IVF(InterVarsity Christian Fellowship)의 출판부로
생각하는 그리스도인을 위한 문서 운동을 실천합니다.

신앙이 예전 같지 않아

글 그림 김민석

Ivp

차례

작가의 글　006
주요 등장 인물　009

1화　내 신앙의 도움은　010
2화　신앙 회복 프로그램?　034
3화　기독교를 지우려는 이유　058
4화　실패한 신앙인　078
5화　요나가 준 선택지　108
6화　아무것도 바뀌지 않는 것처럼 보이지만　128
7화　과거로 출발하다　146
8화　성경이와 성경이의 만남　164
9화　복음을 소화할 수 없는 삶　190
10화　몸을 혐오하지 않고　210

11화	사페레 포기시키기	238
12화	더 사랑하기 위한 시끄러움	260
13화	침묵 기도	284
14화	불행의 냄새를 허용하지 않는 곳	312
15화	기묘한 벽	338
16화	기독교가 이 세상에 필요한 이유	364
17화	사탄의 접근	388
18화	아포리아의 마지막 기억	406
19화	골고다의 총성	430
20화	요나의 마지막 질문	452
21화	예수 곁에서	466

주　488

작가의 글

나는 기독교 세계관을 바탕으로 웹툰을 그리는 작가다. 2015년 개설한 웹툰 공간 "에끌툰"에서 지금까지 여덟 편의 작품을 그렸고, 성경과 기독교가 담고 있는 것들이 우리가 살아가는 현실과 무슨 상관이 있는지, 어떤 의미가 있는지를 계속 탐구해 왔다. 쉽지 않았다. 작품이 하나둘 쌓여 갈수록, 무언가를 더 알아 갈수록, 이 작업은 더 어려워졌다. 매번 진전된 탐구와 메시지를 담는 일도 버거웠지만, 그보다는 점점 더 높게 쌓여 가는 '기묘한 벽' 때문이었다.

　에끌툰이 사실상 유일한 기독교 웹툰 공간으로 버틴 지난 7년 동안, 한국 땅에는 큰 아픔이 몇 차례 지나갔다. 그리고 기독교는 그 아픔들 앞에서 제 역할을 해내기보다는, '우리들끼리의 안전한 벽'을 세우는 데 더 큰 열심을 쏟았다. 코로나19가 한창 기승일 때, 정부 지침을 어긴 채 대면 예배를 강행하는 교회들이 있었고 많은 비판을 받았다. 이에 어느 기독교 작가는 비판적인 비그리스도인들을 폄하하는 웹툰을 SNS에 올렸다. 카페에서 마스크를 벗고 신나게 떠들던 사람들이, 마스크 잘 쓰고 조용

히 대면 예배를 드리는 신자들을 향해 손가락질하는 장면을 묘사한 것이다. 그리스도인 수천 명의 '좋아요'가 박힌 그 게시물은 한국 기독교의 현주소를 적나라하게 보여 주는 스틸 컷 같았다.

교회는 더 높은 벽을 세우고, 비그리스도인을 적대시하며, 기독교 내부자끼리의 행복에 온 에너지를 집중하고 있다. 따라서 그런 그리스도인을 대상으로 하는 콘텐츠 역시 획일화될 수밖에 없다. 예수님 캐릭터가 직접 등장해야 하며, 그리스도인의 마음에 위로를 주는 말만을 끊임없이 해야 한다. 설령 그게 복음서 속 예수님의 말씀과 부딪힌다 해도, 그저 자신이 듣고 싶은 온갖 말을 예수님 입에 덕지덕지 붙인다. 성경의 이야기, 기독교 본연의 이야기는 교회 내부에서부터 점점 더 외면받고, '예수님'은 그 이름과 이미지만 얇게 남긴 채로, 각자가 원하는 방식의 가공식품처럼 유통된다. 이 시대의 기독교 문화는 바로 그런 작품만을 해야 한다고 계속 요구하는 것 같았다.

『신앙이 예전 같지 않아』는 막다른 길에 들어선 것 같은 마음 상태에서 그리기 시작했다. 기본적으로 이 작품은 신앙과 예배에 대한 이야기이지만, 결과적으로 작품 저변에는 교회를 보며 슬피 부르는 노래, '애가'가 흐르고 있다. 기독교를 바라보며 느끼는 슬픔의 발원지들을 찾아서, 기록물을 남기는 듯한 마음으로 이야기 속에 꾹꾹 눌러 담았다. 2021년 9월부터 시작한 이 작품이 웹툰 기준으로 50회차까지 완결할 수 있었던 것은, 먼저는 모든 연재 과정을 함께해 주신 에끌툰 독자님들 덕택이다. 멤버십 후원과 댓글로 응원해 주신 모든 독자님께 이 자리를 빌려 깊이 감사드린다. 부족함이 많은 이 작품을 책으로 출간한 IVP 정모세 대표와 기획 단계에서부터 많은 도움을 주신 이종연 편집장께 감사드리며, 편집으로 애써 주신 박예찬 간사, 디자인으로 수고해 주신 서린나, 한현아 간사께도 감사드린다. 연재하는 동안 스토리 피드백과 채색으로 도움을 준 아내 안정혜 작가에게도 특별한 감사를 전한다.

　　한국 땅의 모든 교회가 절망적인 것은 결코 아니다. 나는 각 지역에서 이웃을 진심으로 사랑하고 섬기기 위해 소통하고 애쓰는 몇몇 교회를 안다. 한국 기독교가 처한 현 상황을 마음 아파하고, 고민하기를 포기하지 않으며, 대안을 모색하는 분들이 적지 않은 것 역시 알고 있다. 그런 교회와 신자분들께는 이 작품이 소박하게나마 힘이 되기를 바란다. 하지만 궁극적으로 이 작품은 '벽'을 쌓은 분들을 위한 것이다. 감히 만화 한 권으로 그분들을 변화시킬 수 있다고 생각하지 않는다. 다만, 쉼 없이 쌓아 가는 그 벽이 정말로 예수님이 원하는 결과물이 맞는지 한 번쯤 질문해 볼 기회가 될 수 있다면 좋겠다.

말씀이 육신이 되어 우리 가운데 오신 분께서(요 1:14), 자기 육체로 중간에 막힌 벽을 허물어뜨리셨다(엡 2:14). 나는 그분을 믿는다.

2022년 겨울
김민석

주요 등장 인물

이성경(28)

모태 신앙으로 열심히 신앙생활을 해 왔지만, 요즘 들어 부쩍 신앙이 예전 같지 않아진 청년. 전남친 요나와 다시 조우하며 외면해 온 과거로 빠져들어 간다.

사페레(34)

한때 반기독교 작가였으나, 현재는 이성경의 남자친구이자 신실한(?) 청년. 전남친에게 휘말려 들어간 성경이를 구하기 위해 뛰기 시작한다.

한요나(28)

기독교를 없애기 위해 오랫동안 준비해 온 기업 '보후'의 CEO. 전여친 성경이를 자신이 겪은 절망 속으로 끌어들이기 위해 다가온다.

레이투르기아(?)

기독교를 위기에서부터 지키기 위해 사페레를 찾아온 천사. 사페레 일행을 도우며 초기 그리스도인들의 삶과 예배를 경험시켜 준다.

1화
내 신앙의 도움은

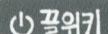

2화
신앙 회복 프로그램?

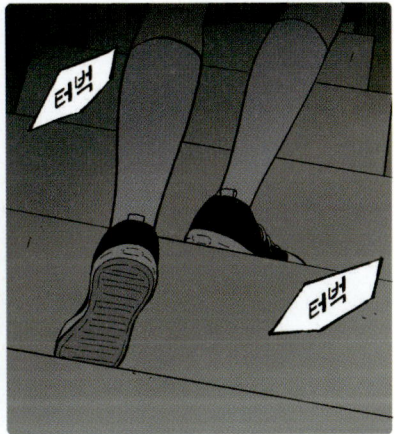

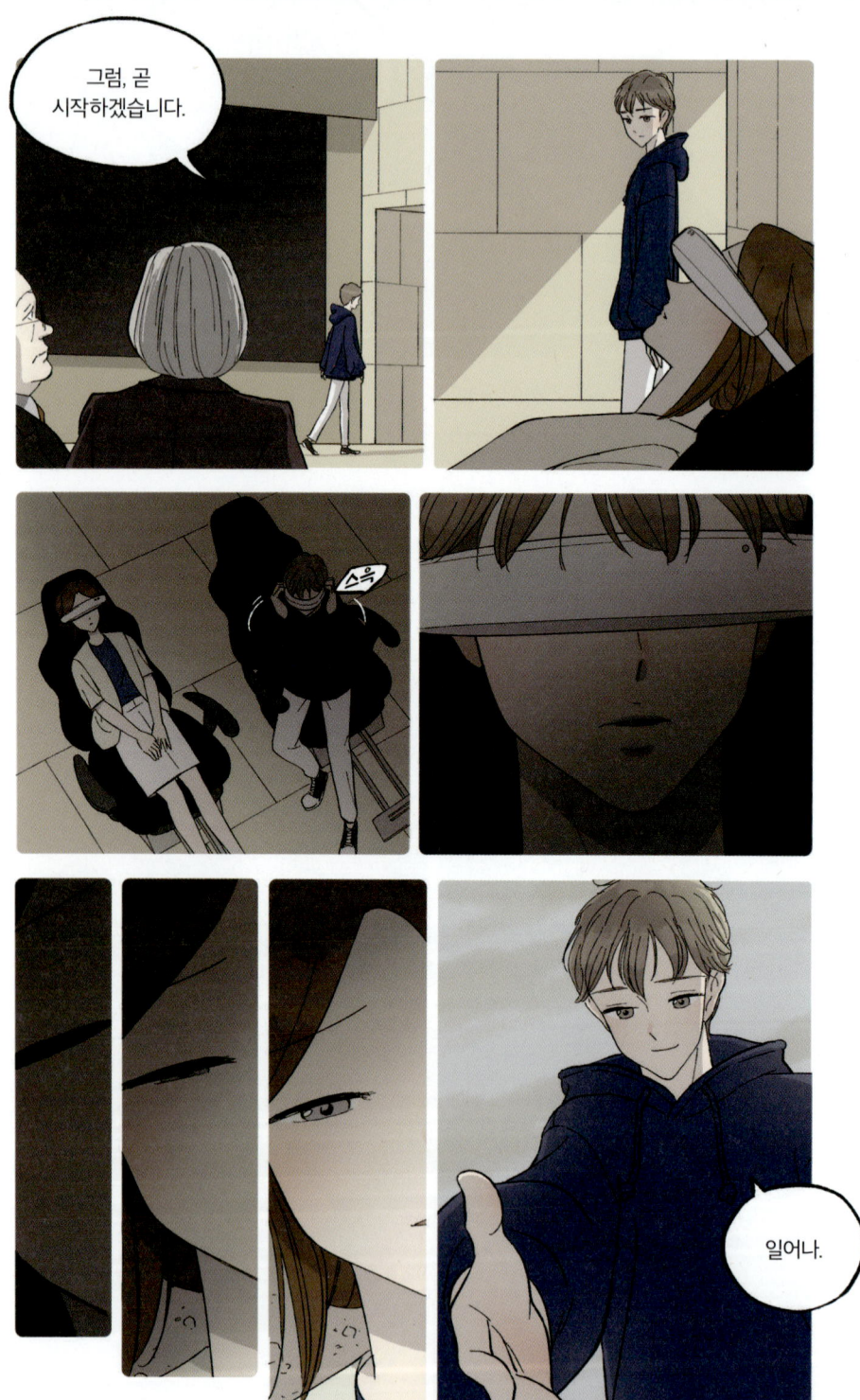

3화
기독교를 지우려는 이유

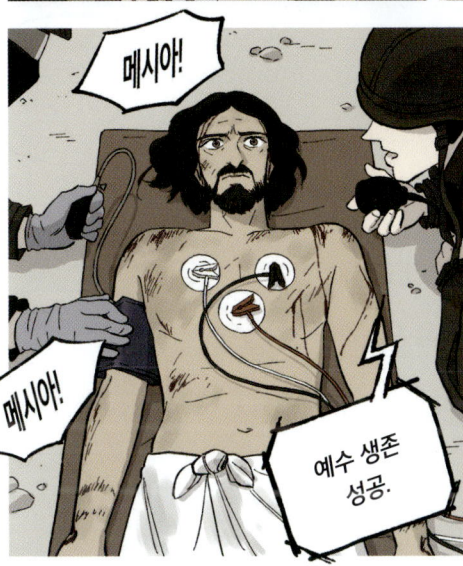

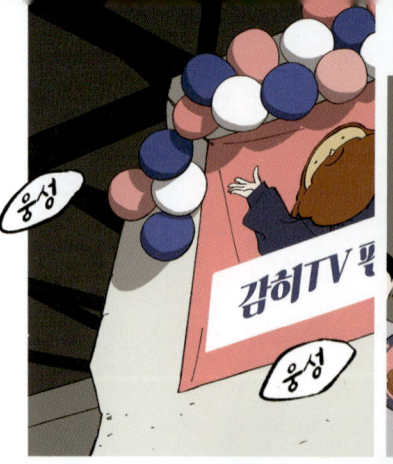

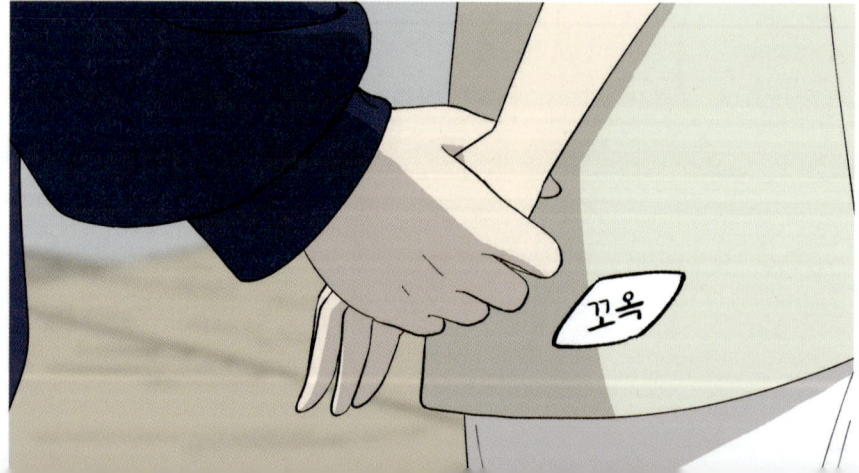

4화
실패한 신앙인

희망.

예수님을 제대로 믿으면 정빈이도 달라질 거라는 희망.

그, 그게 왜 바이러스야? 그 희망대로 정빈이 달라졌잖아?

정말 많이 바뀌어서 나중에 간증까지 했던 거 기억 안 나?

아… 그게 전부라고 생각했다면…

지금 보여 줄 기억부터는 조금 힘들 거야.

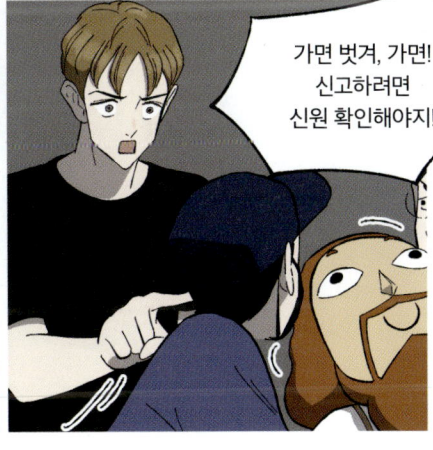

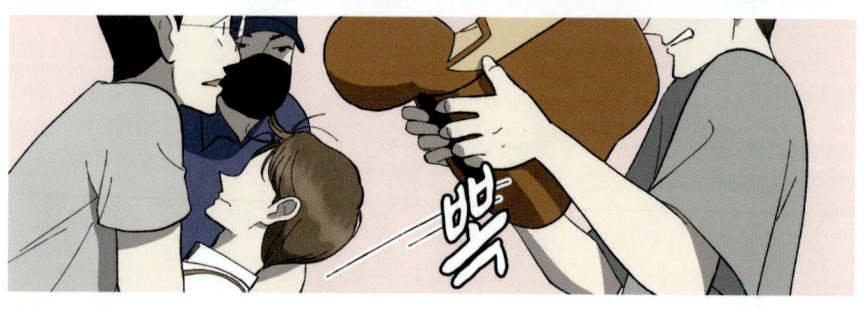

그럼… 나는 뭐지…?

난… 성경 씨가 내 옆에서 같이 질문해 주고, 고민해 준 덕분에 정말 많이 변했는데.

성경 씨. 내가 신앙 한 번 잃어 봐서 아는데, 뭐 잠시 멀어져도 괜찮아. 그거 억지로 붙잡으면 더 병나.

그 대신에…

대신에…?

5화
요나가 준 선택지

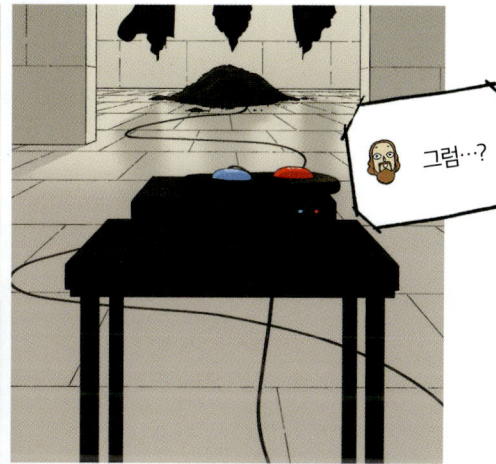

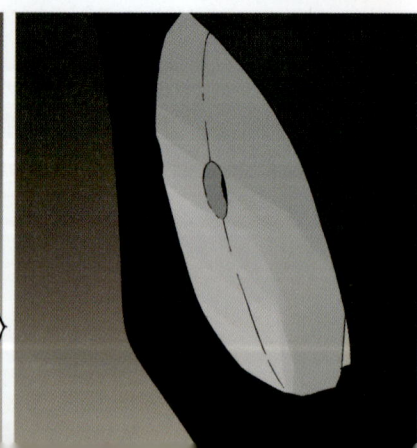

6화
아무것도 바뀌지 않는 것처럼 보이지만

기독교가 사라지는 것을 막을 열쇠는…

이성경이 쥐고 있다.

성경이의 신앙 깊은 곳, 그 중심에

모든 선택은 성경이가 감당해야 한다.

열쇠가 있기 때문이다.

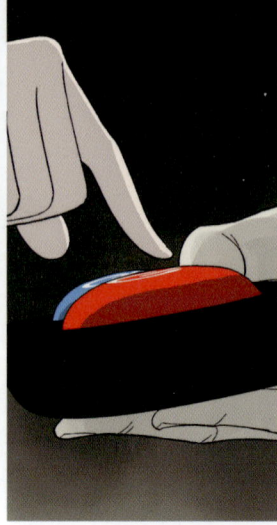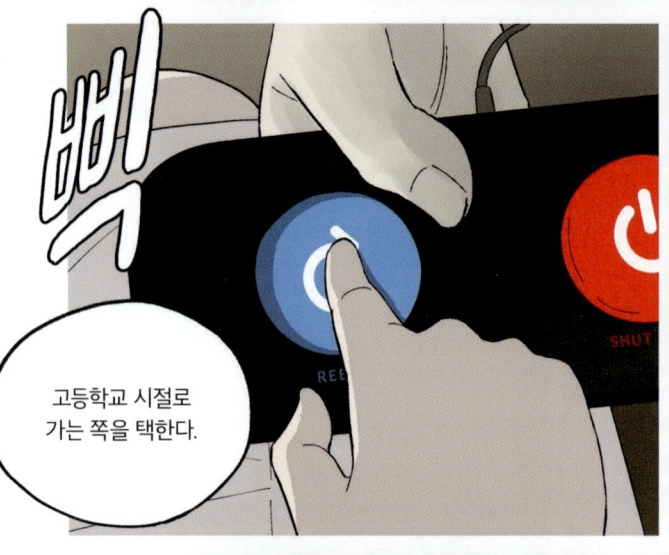

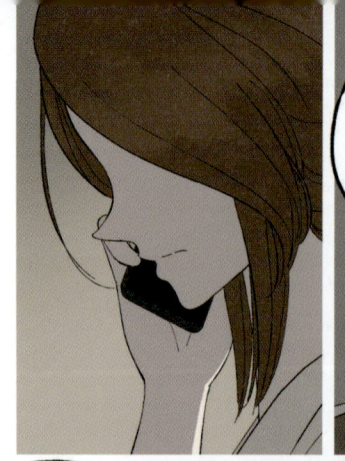

7화

과거로 출발하다

사페레에게 해 줘야 할 중요한 얘기를 하나 빼먹었더군.

...뭘 말입니까?

넌 이미 봤을 텐데?

성경이가 요나와의 고등학교 시절을 바꾸는 데 성공했을 때

성경이와 요나 두 사람의 관계가

다시 맺어지는 모습을.

8화

성경이와
성경이의 만남

과거로 오자마자 급하게 싸구려 패딩을 하나씩 사 입으며 깨달았다.

요나를 교회에 처음 데려간 날은 고등학교 입학 직전 2월, 겁나 추운 날이었단 걸!

성경아! 하모니레코드! 기억나?

고등부 예배 시작까지는 시간이 좀 남아서

9화
복음을 소화할 수 없는 삶

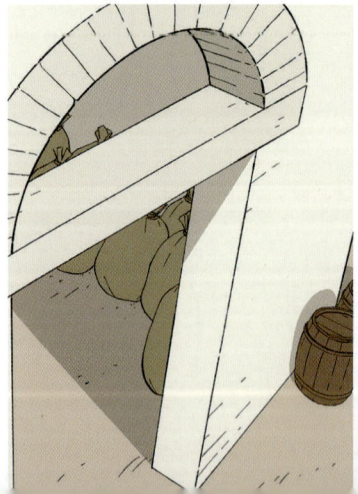

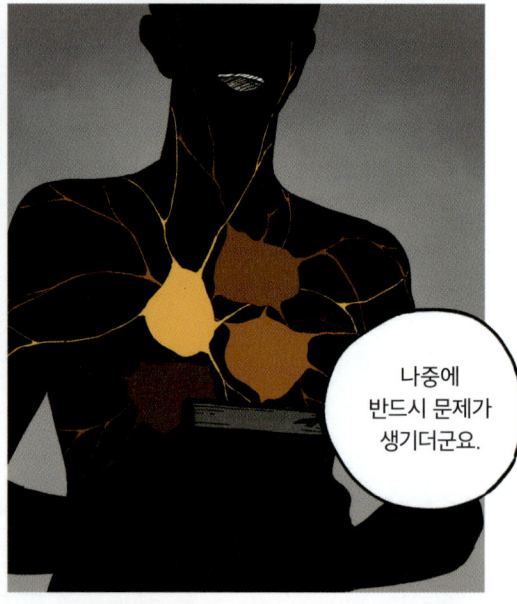

10화
몸을 혐오하지 않고

뭐야ㅋ
또 천사?

우리 여기로 데려온
그 천사 친구예요?

제가 혼자 이탈하니까
뭐, 저 설득하래요?

지겹다.
진짜…

나는
이 세상에서
기독교를
없애려는
천사…

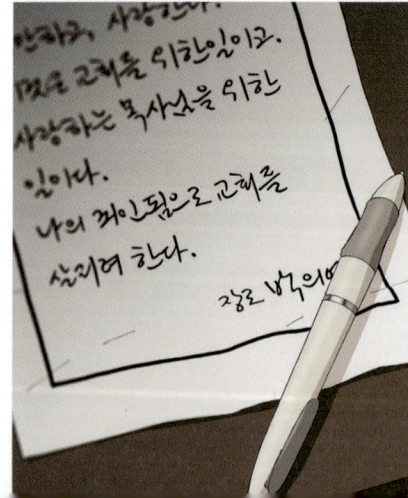

전부 다…
나도 함께
겪었다.

…그래서요?

용건이
뭔데요?

애초에
기독교도, 교회도
존재하지 않았다면…
너희 아빠가 그렇게
돌아가실 일도
없었을 거야.

그치?

아빠
볼 수 있게
해 줄게.
감히야.

기독교 없애는 일에 동참해라.

그래서 제가 뭘 하면 되는데요?

얘 잦느라고 진짜 카르타고 온 골목을 다 뛰어댕겼네! 아이구 다리야!!

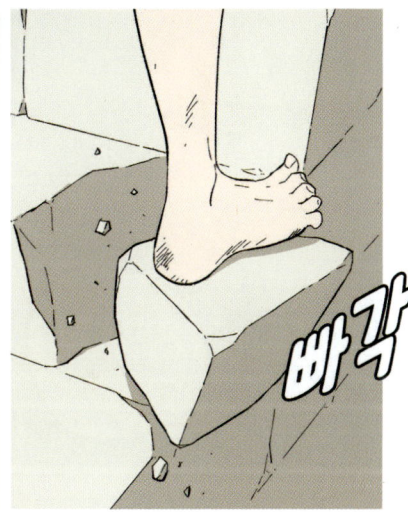

11화
사페레 포기시키기

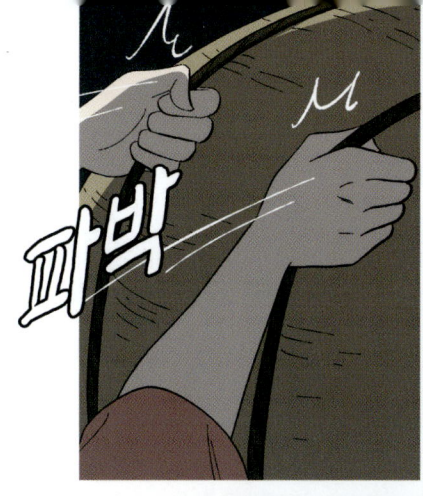

좀 놔 주실래요?
저 빨리
가야 하는데…

선생님
이거 지금…
훔치신 거
맞죠?

다음에.
다음에
설명할게요.

12화
더 사랑하기 위한 시끄러움

알고 계셨습니까? 유니아 선생님의 도둑질을…

아뇨, 저도 몰랐습니다.

저기 가운데 앉으신 분이 키프리아누스 주교님이십니다.

아! 키프리아누스!

키프리아누스
3세기 카르타고 주교

유니아 선생은 설명해 보세요.

죄송해요. 어제… 오해해서.

말은 참 쉽죠.

이제 그 아이들은 끼니 때우던 빵 못 받게 됐는데…

물론 저라도 그런 광경 우연히 봤다면, 당연히 도둑질이라 생각했을 것 같아요. 하지만…

우연히 본 거 아니에요. 저 유니아 쌤 염탐했어요.

지-인짜 열심히 살다 가셨어요.

우리 아빠지만… 전 그렇게 정직하게 기업 운영하는 사람 본 적이 없어요.

코람데오. 늘 하나님 앞에서. 아빠 사무실에 겁나 크게 붙어 있던 글귀였죠.

지역에서 착한 기업 인증도 받고…

교회 여기저기 불려 다니며 간증도 많이 했어요.

기독교 정신으로 착하게 기업 운영하면 망할 것 같죠?

청년 여러분, 그렇지 않습니다. 제가 산 증인입니다.

우리가 하나님의 일을 할 때! 하나님이 우리의 일을 해 주시기 때문입니다. 아멘?

왜인지 아십니까?

아멘!!

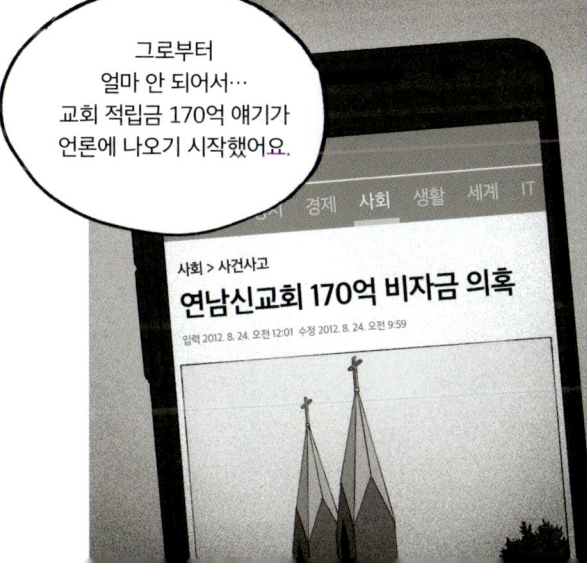

13화
침묵 기도

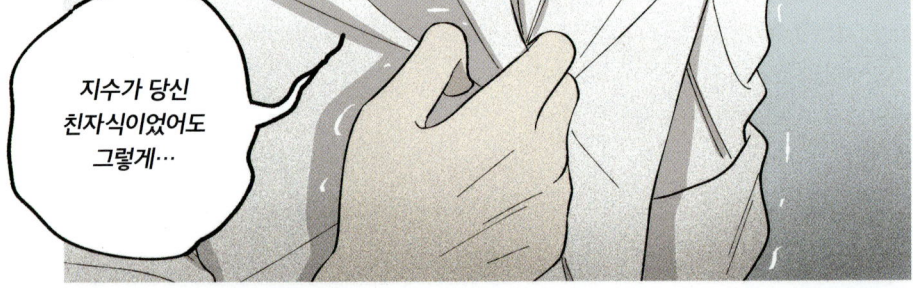

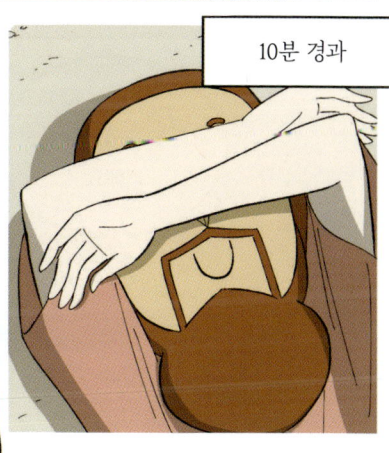

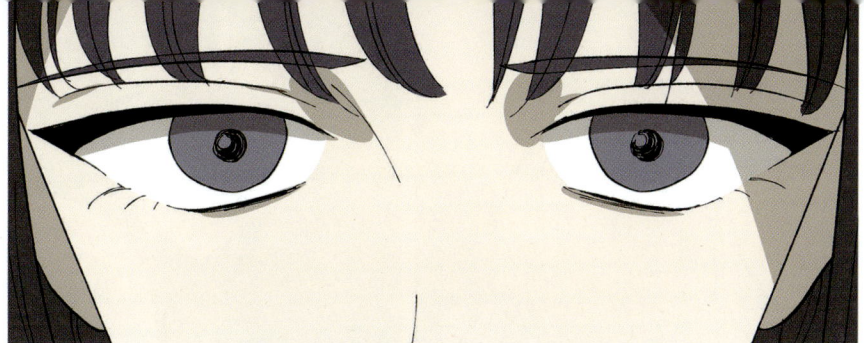

확실하게 뜯어내자.

아멘

아멘

아멘

14화
불행의 냄새를 허용하지 않는 곳

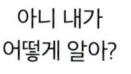

니가 말한 세 번째 길…

현우가 어떻게 살 수 있단 거지?

성경이가 할 거야.

뭐?

성경이가 모든 걸 바꿀 거라고.

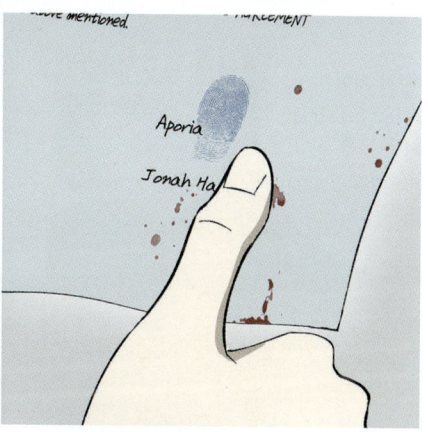

너의
그 표정.

내 앞에서만
보이던,
나만 봐야 했던
그 어두운 표정이
너무 버거웠어.

사귀는 동안
점점 더 많이
니 입을 통해
들어야 했던
교회의 문제들.

목사의 횡령,
목사의 피절,
목사의 성추행,
목사의 성폭행,
세습, 폭력,
나쁜 교회들, 나쁜 놈들,
또 다른 나쁜 놈들,
그리고 또, 또, 또.

15화
기묘한 벽

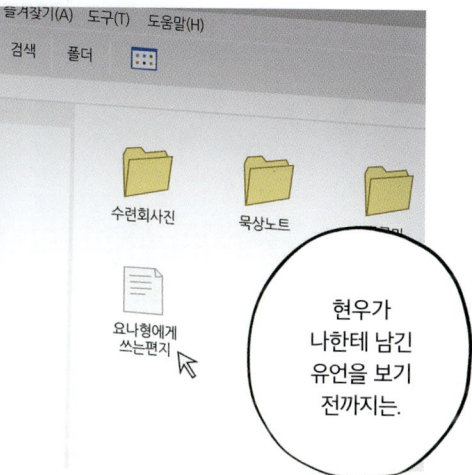

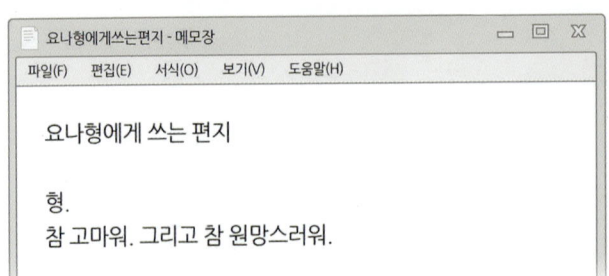

요나형에게 쓰는 편지

형.
참 고마워. 그리고 참 원망스러워.

고마운 건 형이 장애인 시설에 있던 날 찾아와 줘서야.

비록 그때 날 데리고 나가진 못했지만 난 형이 날 까먹고 있을 거라 생각했거든.

시설 생활은 너무 힘들었어.

두드려 맞고 험한 말도 많이 듣고 여자애들은 나쁜 짓도 당했어.
결국 신문에 나고서야 다 같이 나갈 수 있어서 다행이었지.

원망스러운 건

형이 날
교회에 데려가서야.

사실 처음엔 좋았어.
예수님을 알게 돼서 좋았어.

무슨 구절인지 생각은 잘 안 나지만
예수님 안에서는 다 하나라는
말씀이 좋았어.
예수님 안에서는 내 장애가
문제가 안 된다는 게 좋았어.

그래서 장애인들만 모아 놓고
하는 예배가 이상했어.
사회랑 똑같이 교회에서도
이렇게 격리되는 게
이상했어.

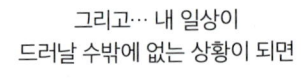

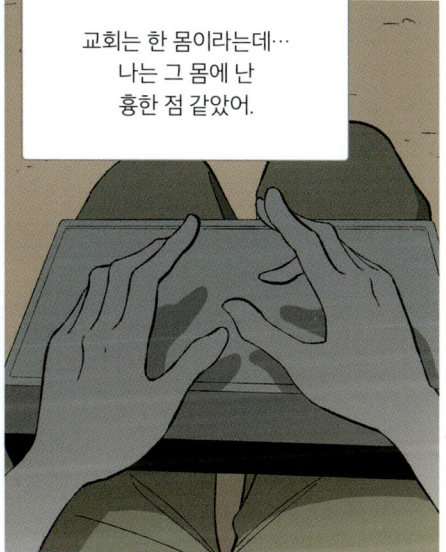

솔직히
너 있으면
다 힘들어.

연극 준비 과정도
다 너한테
맞춰야 하고.

저도…
맞…추고 있어요…

같이 밥… 먹을 때
반절… 이상…
먹어 본 적… 없어요…

그러니까 현우야.

진짜… 죽을 만큼
힘…든 거… 아니면
말 안 하고… 참아요…

서로 힘든데
왜 같이
있어야 되냐?

예수님…
안에서…
우…린…
하나…니까…

서로 사랑하라고 하신 예수님, 지극히 작은 자 하나에게 한 것이 곧 자신에게 한 것이라 하신 예수님, 모두가 차별 없이 자기 안에서는 하나라고 하신 예수님, 그런 예수님은 안 계시잖아.

좋은 대학 가고, 좋은 직장 들어간 사람들을 통해서 빛나는 예수님이 계시잖아. 장애인 때문에 영광이 가려지는 예수님이 계시잖아. 지극히 작은 자 하나는 따로 격리하는 예수님이 계시잖아.

형이 나한테… 어디서도 환영받지 못하는 존재를 받아 주는 분이 예수님이고, 그런 곳이 교회라 그랬지. 형이 잘못 안 거야.

대놓고 차별하는 것보다 차별 안 한다며 희망 부어 가면서 차별하는 게 더 나빠. 사람을 죽고 싶게 해.

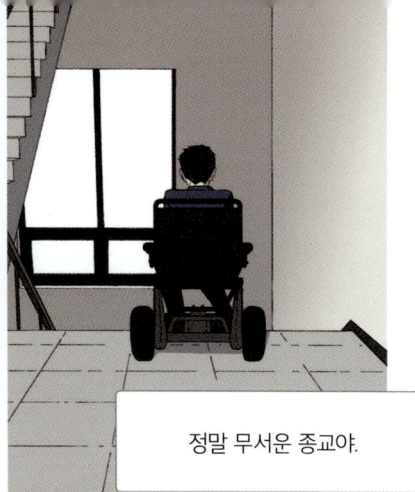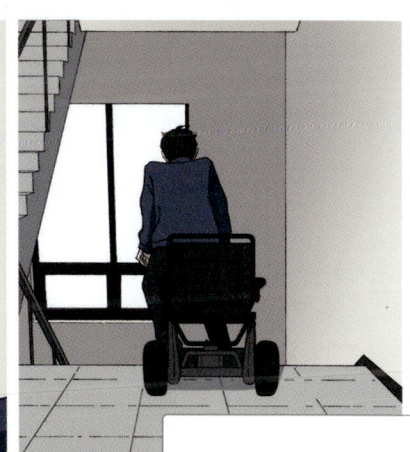

웃기게도…
난 그 유언을
읽고서도
여전히 기독교에
희망을 못 버렸었어.

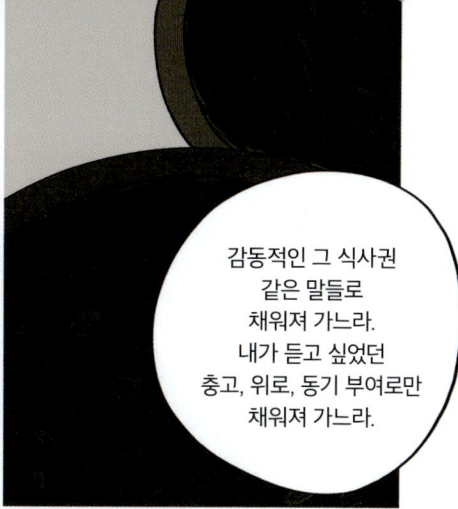

16화

기독교가 이 세상에 필요한 이유

오늘은 제가 죽는 날입니다.

그리고 다시 사는 날이지요.

진짜 말도 안 되는 이끄심으로 기원후 256년 카르타고 교회로 보내시고

1차 심사와 2차 심사까지 잘 통과하게 해 주심을 감사드립니다.

그리고 오늘. 세례 의식을 앞두고 있네요.

여기서 참 많은 것을 배웠는데… 성경 씨에게도 이 모든 게 잘 전달되고 있겠…죠?

오…!
성경 씨!

그게…
내가 결과적으로
깨달은 바야.

'죄악'은
마음 놓고 뛰어놀고,
'불행'은 그 냄새조차
나지 않게
추방되는 곳.

그곳이
기독교야.

지독한 자기애에
예수님의 외피를
씌워 놓은 거나
다름없었어.

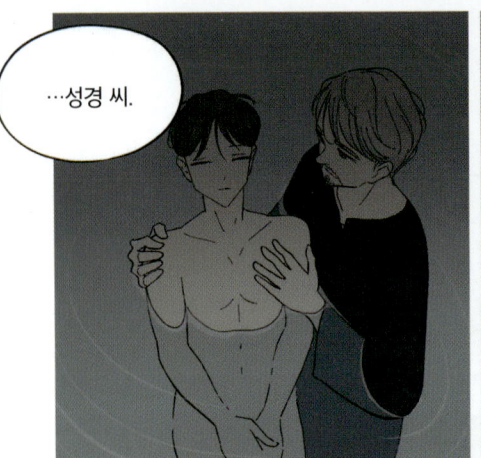

사실 시간이 별로 없었다.

요나가 내게 허용한 건 일주일씩 세 번의 시점. 전체 3주의 시간.

지금 요나와 내가 와 있는 시점은 두 번째 시점.

마지막 세 번째 시점은

현우가 목숨을 잃었던 시점으로 가서 현우의 생사 여부를 확인하는 것으로 요나와 정했다.

그러니까 내가 현우를 살리기 위해 뭔가를 해 볼 수 있는 시간은

지금 와 있는 시점에서 남은 3일 정도였다.

다행스러운 건, 첫 번째 시점에서 내가 전달했던 것들을 열일곱 살 성경이와 요나가 꽤 적극적으로 실천하고 있었고

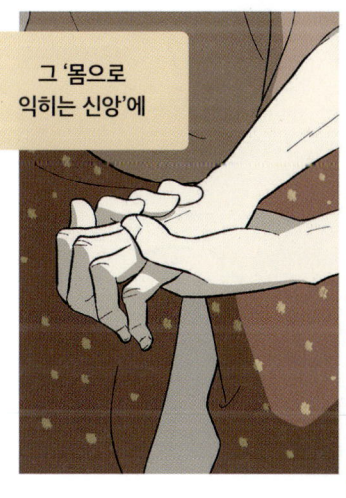

그 '몸으로 익히는 신앙'에

고등부의 다른 몇몇 친구들도 함께하기 시작했다는 점이다.

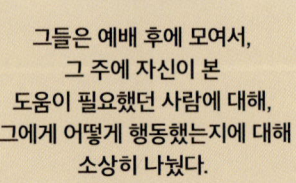

그들은 예배 후에 모여서, 그 주에 자신이 본 도움이 필요했던 사람에 대해, 그에게 어떻게 행동했는지에 대해 소상히 나눴다.

도움을 주는 데 성공한 내용보다는 실패한 내용이 더 많았지만

이 아이들은 멈추지도, 포기하지도 않았다.

그리고 열일곱 살의 요나는

지금의 요나와는 너무 다른 사람이 되어 있었다.

사람은 변하지 않는다고들 하지만

몸은 변한다.

사페레가 만난 유니아 선생님 말 그대로다.

10년 넘게 설교 듣고 성경 공부도 많이 한 나는 하나도 안 변했는데

저 아이들은 신앙을 몸으로 익히고, 서로의 행동을 공동체적으로 공유하면서

몇 달도 되지 않아 변화를 보이고 있었다.

현우는 다음 주부터 고등부 예배 오기로 했어요.

그러니까… 원래대로라면… 현우가 2년 뒤에

죽게 된다는 …거죠? 정빈이 때문에?

응.

결국 현우를 살리려면

17화
사탄의 접근

뭐, 뭐야…?

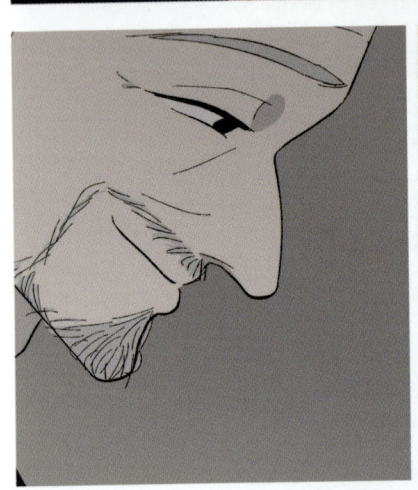

18화
아포리아의 마지막 기억

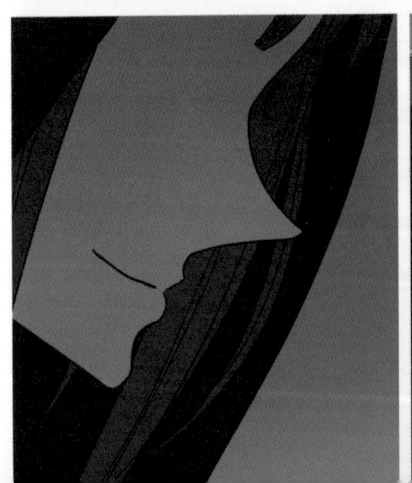

구하러 가게
해 주십시오!
제발!!

아포리아
스스로 자초한
결말이다.
선을 넘었어.

그게
주님의 뜻입니까?

가브리엘
천사장님
생각 말고!

주님의 뜻이
무엇입니까?

3일은 참 짧은 시간이었다.

정빈이 아버님은 검사장이시고 추후 정치인의 길을 가려 하신다는 것,

담임 목사님이 뜬금없이 정빈이에게 목회자의 길을 권했다는 것 정도를 알아낸 게 전부였다.

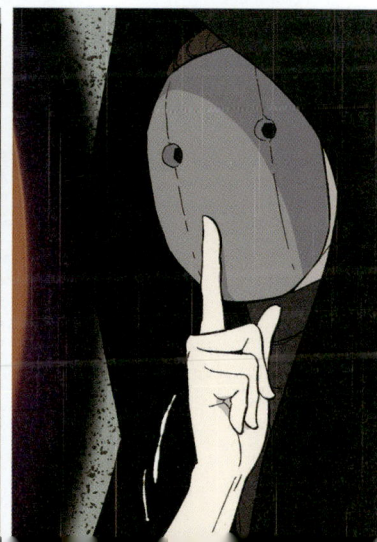

드디어

마지막 세 번째 시점으로 왔다.

그리고…

이거… 부활절 연극 연습 같은데?

어,

현우가 살아 있었다.

열심히들 하고. 역할은 좀 조정해 보세요.

현우가 살아 있다는 기쁨은 아주 잠깐이었다.

거리끼는 요소?

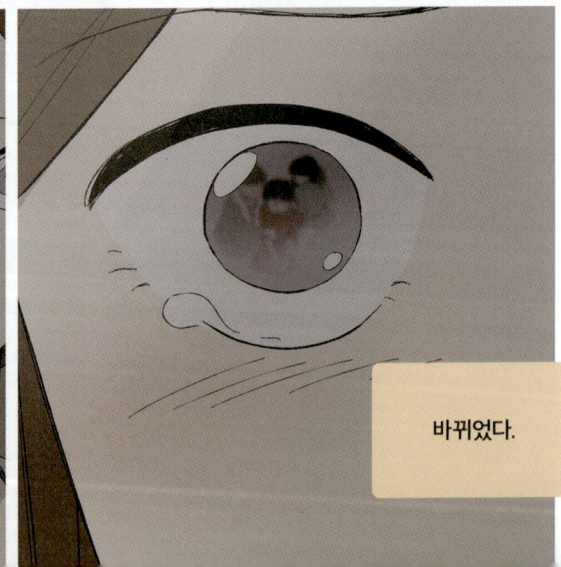

19화
골고다의 총성

골고다로 보내 줘.

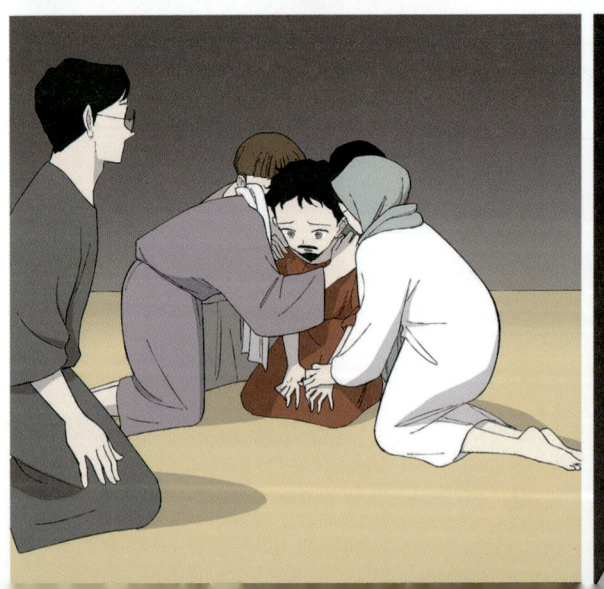

아이들은 거의 반사적으로 현우를 에워쌌다.

아비투스.

전도사님, 현우 예수님 역할 못 하면 저도 이 연극 안 할래요.

저도요!

저도요!

사페레가 보내 준… 초기 기독교로부터 온 씨앗.

그런데…

요나 어디 갔지?

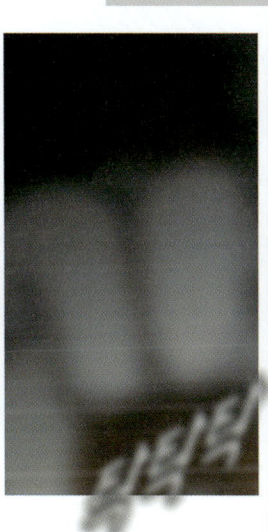

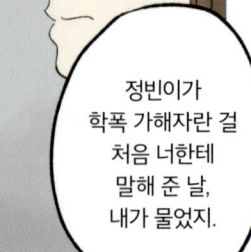

20화
요나의 마지막 질문

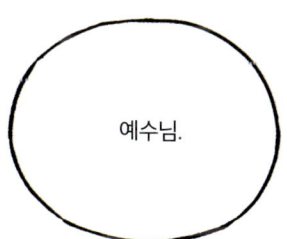

예수님.

꽤 오랜 세월… 서구권에서는 정말로 기독교가 권력과 문화를 지배했습니다.

하지만 20세기에 들어서고 기독교 국가라는 것이 더 이상 불가능해지자 두 번째 우상이 탄생했습니다.

'나'라는 우상입니다.

"넌 특별한 존재야."

기독교는 늘 하나님이 '모든 사람'을 사랑하신다고 가르쳐 왔지만

'나'라는 우상을 섬기는 기독교는 그 자리에 '나'만 남겨 놓습니다.

21화
예수 곁에서

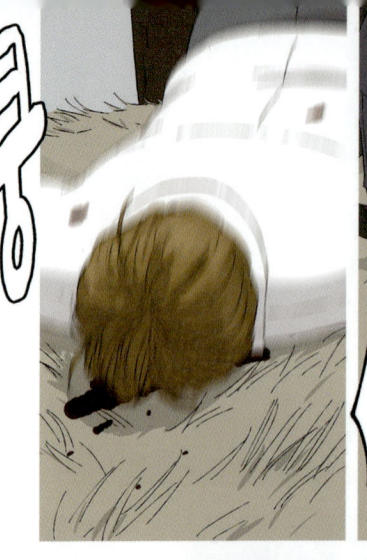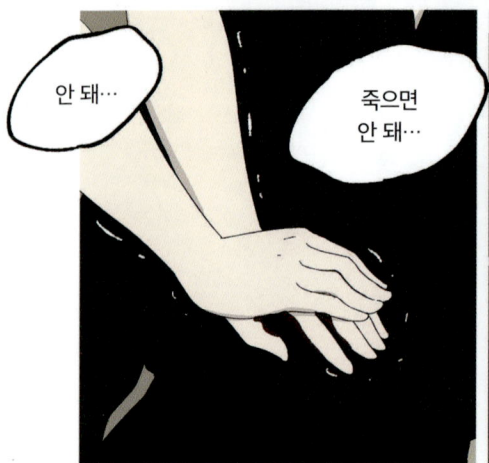

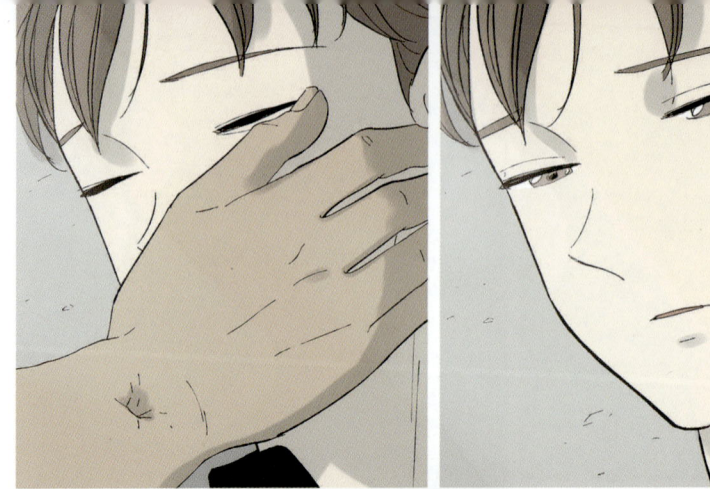

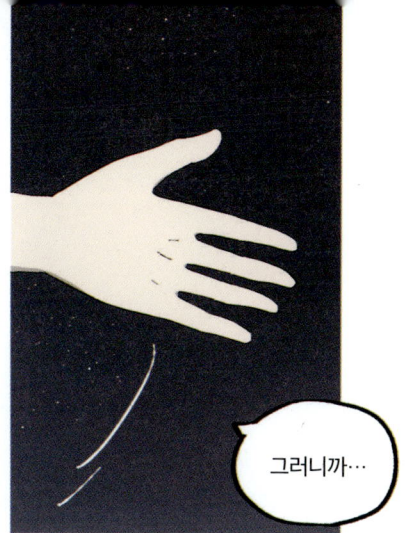

신앙이 예전 같지 않을 때, 나는 되돌아가야 할까?

교회는 늘 생각지 않은 곳에서 새롭게 출발했고, 머물러 있지 않았다.

자신이 갖고 있던 사랑의 방식을 과신하지 않고

진정 필요한 사랑이 무엇인지를 늘 찾고 배우는 그곳이 교회이기를.

그래서
늘 새로운 곳에
사랑의 흔적을
남기고 다니는 자들이
'그리스도인'이라고
불리기를,

나는
소망한다.

주

1. 한국갤럽, '한국인의 종교' 2021년 조사, http://www.gallup.co.kr/gallupdb/reportContent.asp?seqNo=1208.
2. 한국기독공보, "코로나19 대응, 교회와 사회 인식차 7배", http://pckworld.com/article.php?aid=8899390456.
3. 요한계시록 2:5-6; 5:9-10.
4. 로마서 11:21.
5. 앨런 크라이더, 『초기 교회와 인내의 발효』(IVP), 38, 115-116면.
6. 같은 책, 115면, 테르툴리아누스, *Apology*, 39.7를 재인용.
7. 같은 책, 143-144면.
8. 아포리아(ἀπορία): '길이 막혀 있다.' 난제를 의미.
9. 앨런 크라이더, 『초기 교회와 인내의 발효』, 251-253면.
10. 같은 책, 241면.
11. 같은 책, 241면.
12. 같은 책, 241면.
13. 같은 책, 241면.
14. 같은 책, 242면.
15. 로마서 11:12, 15, 29-31.
16. 앨런 크라이더, 『초기 교회와 인내의 발효』, 256-257면.
17. 마태복음 27:46; 마가복음 15:34.
18. 리치 빌로다스, 『예수님께 뿌리내린 삶』(IVP), 60면.

19. 웨인 믹스, 『1세기 기독교와 도시 문화』(IVP), 371면.
20. 같은 책, 371면.
21. 갈라디아서 3:27-28.
22. M. O. 페이프, "세례", 데스몬드 알렉산더, 브라이언 로즈너 편집, 『IVP 성경신학사전』(IVP), 777면.
23. 웨인 믹스, 『1세기 기독교와 도시 문화』, 374면.
24. 골로새서 2:12.
25. 웨인 믹스, 『1세기 기독교와 도시 문화』, 371면.
26. 같은 책, 371면.
27. 같은 책, 371면.
28. 같은 책, 371면.
29. 갈라디아서 3:27-28.
30. 창세기 1:26-27.
31. 갈라디아서 4:19; 로마서 8:29; 에베소서 4:21-24.
32. 앨런 크라이더, 『초기 교회와 인내의 발효』, 38면. 키프리아누스, *On the Good of Patience 3*, G. E. 콘웨이 번역본, FC 36, 265면을 재인용.
33. 같은 책, 38면.
34. 같은 책, 38면.

신앙이 예전 같지 않아

초판 발행 2023년 1월 20일
초판 2쇄 2025년 10월 30일

지은이 김민석
펴낸이 정모세

편집 이성민 이혜영 심혜인 설요한 박예찬
디자인 한현아 서린나 | 마케팅 오인표 | 영업·제작 정성운 이은주 조수영
경영지원 이혜선 이은희 | 물류 박세율 김대훈 정용탁

펴낸곳 한국기독학생회출판부 | 등록번호 제2001-000198호(1978.6.1)
주소 04031 서울시 마포구 동교로 156-10
대표 전화 (02) 337-2257 | 팩스 (02) 337-2258
영업 전화 (02) 338-2282 | 팩스 080-915-1515
홈페이지 http://www.ivp.co.kr | 이메일 ivp@ivp.co.kr
ISBN 978-89-328-1986-0

ⓒ 김민석 2023

책값은 뒤표지에 있습니다.
무단 전재와 복제를 금합니다.